JN437735

하늘까지 닿기를

노성관 글·그림

책만드는집

하늘까지 닿기를

초판 1쇄 2012년 8월 31일
지은이 노성관
펴낸이 김영재
펴낸곳 책만드는집

주소 서울 마포구 합정동 428-49번지 4층 (121-887)
전화 3142-1585·6
팩스 336-8908
전자우편 chaekjip@naver.com
출판등록 1994년 1월 13일 제10-927호

ISBN 978-89-7944-408-7 (03810)

유한한 생명

무한의 우주에서 별이 되어 다시 만나리.

부모님께 이 책을 바칩니다.

| 서문 |

어릴 적에 엄마는 나의 손을 잡고, 꽃들에게 이름을 붙여준 것은 사람들이라 하셨다. 우리는 꽃들을 만지며 아파트 화단과 산들의 이름 모를 꽃들에게 이름을 붙여주며 다녔다. 햇빛은 환하게 내가 놀던 모래밭에 내리쬐었고, 나의 손가락 사이로는 모래가 빠져나갔다. 외삼촌은 노란색 레미콘 차를 사주었고, 나는 그것을 부서질 때까지 모래를 싣고 또 실으며 놀았다.

생명이 있는 모든 것들은 귀중하다. 태어나서 단 한 번의 삶을 살다 가는 우리들은 아름답게 살아가야 한다. 살아가면서 겪는 고통에 어둠 속에 묻히지 말고, 그 고통을 눈물의 구슬 같은 보배로 만들어야 한다. 그 눈물이 푸르고 깊은 바다가 되어 다시 우리에게 힘을 줄 것이다.

내가 살고 있는 부산 해운대의 달맞이고개의 풍경, 영도 절영해안의 해 질 무렵의 산책, 범어사의 북소리, 서울의 궁궐과 박물관, 안동 강가의 병산서원 및 하회탈, 문경새재, 강원도의 평창, 속리산의 법주사, 합천 해인사의 팔만대장경, 제주도, 부산에서 출발하여 여주까지 올라가서 한반도를 동서로 가로질러 강원도 통일전망대까지, 다시 남한의 최북단에서 동해안을 타고 부산까지 길고 긴 시리게 푸른 바닷가를 달려 내려온 경험들은, 부모님과 함께한 유소년기의 소중한 추억이다.

드넓은 세상 구경을 해서 담대함과 폭넓은 시야를 길러야 한다며 영어 몇 마디밖에 할 줄 몰랐던 엄마는 대담하게 나를 데리고 미국에 가셨고, 그 덕분에 나는 6개월 동안 다른 나라의 문화를 접할 수 있었다. 지금의 나를 있게 한 부모님, 외할머니, 이모 내외분과 형들, 외삼촌과 외숙모님, 선생님, 나를 도와주신 모든 분들께 감사드린다.

우리들은 이 세상에 살아 있는 동안 많은 것들에 감동하고 감사할 수 있다. 나뭇잎들의 팔랑거림, 물컵에 비쳐지는 무지갯빛, 풀, 목마를 때 마시는 물, 공기, 흙, 잠이 들 때의 편안함, 사랑, 노력한 뒤의 뿌듯함 등등. 특히나 맛있는 음식을 먹을 때는 거의 모든 사람들이 만족한 미소를 짓는다. 영화관에서 영화를 보면서 별로 우습지도 않은 장면에서 자꾸 하하 하며 웃는 사람들이 많다. 웃기를 바라는 것이다. 또 고통과 분노 속에 있는 사람들은 영화의 시간 속에서 위로를 받으려고도 한다.

시를 짓고 읽는 것은 이 모든 것들을 느끼고 받아들이는 일이다. 내면에 충족감을 채워나가는 일이다. 시를 느낌으로써 다른 사람을 이해하고 배려하게 된다. 음악, 미술, 사진 등 모든 예술이 시적 영감에 의해 출발한다.

이 책을 읽는 독자 여러분께서는 햇빛과 같은 존재가 되어 이 세상을 알알이 밝게 만들어나갈 수 있을 것이라 믿는다. 또한 제가 세계적인 시인이 되어 한국의 문화를 전 세계에 알릴 수 있게 되는 데에 많은 격려와 도움을 주시기를 바란다.

시를 읽으시는 여러분
당신이야말로 빛나는 시입니다.

—2012년 여름

노성관

| 차례 |

하늘까지 닿기를

우린 좋은 노래가 듣고 싶은데 누가 진심으로 불러주지 않겠어
이 세상에 태어난 생물들이고 꽃을 바라보며 미소 짓던 것은 인간이니까
흐르는 눈물은 인간이니까 약한 너는 인간인가 봐
우린 조용한 노래가 좋아
서툴러도 살며시 불러주지 않겠어.
밤하늘의 별들 하나하나에게 예쁜 이름을 지어준 것은 인간이니까!
흐르는 눈물은 인간이니까
약한 너는 인간인가 봐
헤매도 괜찮아
우린 인간이잖아
언젠가는 인간도 강해질 거야
흐르는 눈물은 인간이니까
약한 너는 인간인가 봐
헤매도 괜찮아 우린 인간이잖아
언젠가는 인간도 강해질 거야.

-2002년 1월 9세 때(제일 처음 쓴 시)

노을 진 바다

노을 진 해변엔
조용하고 고요한 파도 소리가
들려온다.
회오리바람이 날 빨아들이는 것처럼
황혼 빛이 날 비춘다.
사막의 물 한 방울처럼
작은 나의 생명
이제 난 황혼이
물든 이 바다에서
잠든다.

-2003년 10세 때

밤하늘

밤하늘에
별이 총총
맑은 별이 총총
천장의 전구처럼 놓인
밤하늘의 별들

밤하늘에
은하수가 주르르
맑은 은하수가 주르르
냇물처럼 흘러가는 듯한
밤하늘의 은하수

밤하늘에
별자리가 둥둥
밝은 별자리가 둥둥
움직일 것만 같은
밤하늘의 별자리

−2005년 1월 12세 때

잠들 때

잠들 때
사람은
잠이 한번 들면
자기도 모르는 새 시간이 많이 가 있다.

영원히 잠든다고 할 때
잠시 동안만 잠들어도, 아니
다시 깨어난다 하더라도
수없이 많은 시간이 흘러가 있겠지.

빼꾸기야.
시간이 흘러가는 것을 기다리니?
아,
가냘프게 우는 빼꾸기 한 마리여,
무엇을 기다리느냐?

-2004년 4월 11세 때

소원 전자계산기

먹고 싶은 건 ⊕
슬픔은 ⊖
마음은 ⨸
돈은 ⊗
아~ 이렇게 된다면 얼마나 좋을까.
이런 것이 마음속의 또 다른 마음.
제일 좋은 것이
마음을 ⨸~!

-2004년 12월 11세 때

* 40,000,000은 대한민국의 인구 수를 짐작하여 나타낸 것임.

아름다운 시

눈을 감고
새소리를 들어봐요.
새소리가 들리는
아름다운 시.

초록 잎의 나무가 있고
시냇물이 흐르는
아름다운 풍경을
생각해봐요.
아름다운 풍경의
아름다운 시.

자신의 꿈을,
아름다운 꿈을 생각해보고
그 꿈을 가져보고
그 꿈을 실천해봐요.
꿈을 이루는
아름다운 시.

산에

무지개가
걸린, 파란 하늘의
멋진 풍경을
생각해봐요.

아름다운 것을 생각하게 해주는
아름다운 시.

–2005년 1월 12세 때

안개

뜻을 이루지 못한 자여
하늘에 오르지 못해 땅에서
맴도는 자여
수증기인가 구름인가
아니
그대 이름은 안개!

–2002년 2월 9세 때

마음을 열어봐요

이제야 알았나요
어제 잃어버린 것을……
그것이 무엇인지 아십니까
얼마나 소중한 것인지
서둘러 쫓아가 봐도
손을 뻗어봐도
어제는 멀기에 닿을 수 없죠
마음을 열어서
마음을 열어서
찾으면 되는 것을

마음을 열어서
마음을 열어서
찾아주세요
마음을 열어서 마음을 열어서
어제로 돌아가 마음을 열어서
내일로 들여다보세요.

–2002년 1월 9세 때

사막

황량한 사막에서 떠도는
집시들이여
무엇을 찾는가?

하늘의 이글거리는 태양이여
무엇을 찾으며 눈을 번뜩이는가?

사막의 모래바람이여
무엇을 찾아 사막을 방황하는가?

허수아비 같은 집시여
전구 같은 태양이여
메뚜기 떼 같은 모래바람이여
무엇을 찾는가?

–2004년 7월 11세 때

물고기의 비늘은 빛이 난다

무지개 비늘이 빛을 내서 신이 나온다.
신은 마음을 주고
　　생명을 주고
　　빛을 주네.

-2002년 2월 9세 때

바다에서 지는 해

바다에서 지는 해는 하늘에서
땅으로 내려오는 용과 같다.

바다에서 지는 해는 우주 공간의
별과 같다.

황금빛을 내며 바다에서 지는 해는
바다의 진주와 같다.

바다에서 지는 해는 마치
천지를 창조하는 것 같다.

-2003년 3월 10세 때

밤하늘

밤하늘에는
별자리 없이 맴돌며
외로움을 타는 별들이 있네.

밤하늘에는
별들이 외로움을 타며
허전한 밤하늘을 맴돌고 있네.

작은 별자리 하나라도 있으면
별들이 외로움을 덜 탈 텐데!

-2004년 6월 11세 때

밤하늘과 새벽과……

밤하늘에 아름답게 총총
하하 호호 웃으며 있는
하늘의 별자리들.
마치 눈처럼 깔아진,
아니 눈보다 맑고 빛나는
밤하늘의 아름다운 은하수.
은하수의 끝은 뭘까.

밤하늘이 떠나고
별이 밤하늘을 따라가고
그 자리가 정들어 떠나지 못하고
새벽하늘에 떠 있는 별들.
은하수는 어느새 흘러가고
새벽이 자리 잡고 있다.
별들과 은하수는 어디로 간 걸까.

-2004년 12월 11세 때

분명 좋은 일이 있을 거야

시험 끝 종이 울림과 동시에
똑바로 올려다본 푸른 하늘
날 고생시킨 철봉의 거꾸로오르기
겨우 성공하자 불어온 바람
책에 끼워 넣은 꽃잎
보송보송한 꽃잎을 집으면
아~ 이 부드러운 느낌
아름다운 보석을 이루어 만지면
난 다시 추억에 빠지네.

-2003년 10세 때

주머니 속의 세상

난 여기 있어.
네 주머니 속에
너와 함께 여행을 하기 위해 기다려왔지.
네가 알아줄 때까지.
이제부터 그곳에 둘이서 찾아가자
아주 멀지만 가까운 세계지.
주머니 속에 세상이 펼쳐지고
주머니 속에도 구름이 떠다니고
이렇게 멋진 세계가 있다고.
우리 함께 주머니 속의 세계로
떠나자!

-2003년 10세 때

* 만화 도라에몽을 읽고.

친구들

한번 친구는 영원한 친구라네.
나중에 어려운 친구를 도와주는 친구는
영원하고 다정한 친구라네.
만약 친구가 하나뿐이라면 구름이
살포시 덮어주네.
만약 슬픈 사람이 있으면
다른 구름이 와서 살포시 또 덮어주겠지.
그리고 구름이 눈물을 닦아주면
그 사람의 눈동자는 푸른색이겠지……

-2003년 4월 10세 때

기와

기와
웃는 기와
지렁이 같은 기와

웃는 기와는
그 옛날 기와집 위에
떠 있는
초승달의 미소

지렁이 같은 기와는
그 옛날 기와집 처마
밑에 있는
그 구불구불한 기와

웃는 기와가 깨지면
그 웃는 초승달이
거꾸로 될 것만 같다.

–2004년 7월 11세 때

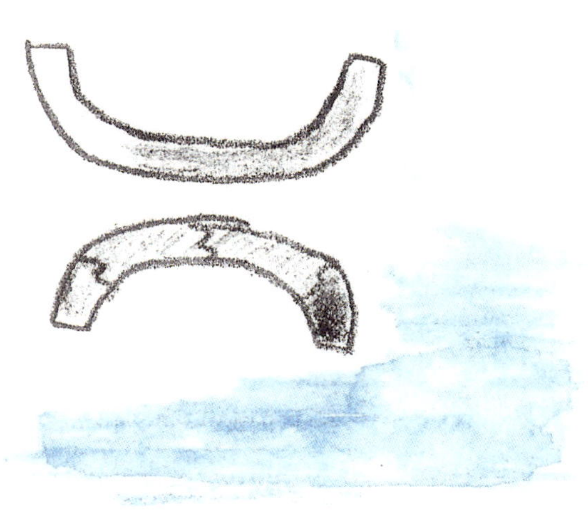

새벽 1

새벽의 거리는
가로등이 켜져 있고
까치가 울고
아주 약간의 차 소리가
들리네.

조용하고 고요한
새벽엔
서늘한 바람이 불고
흐린 구름 위에
아침의 밝은 해가
힘차게 솟아오르네.

–2004년 8월 11세 때

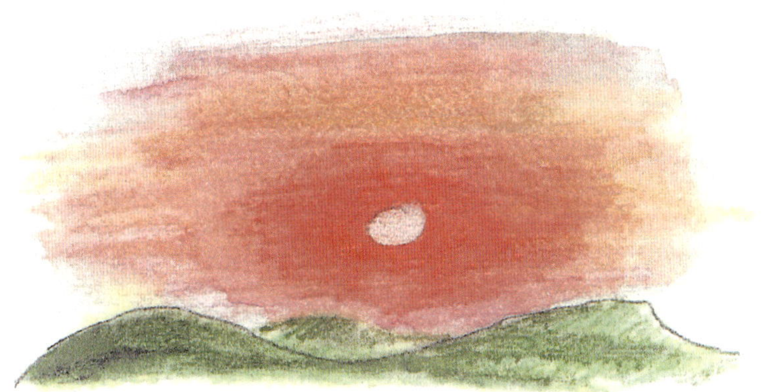

새벽 2

고요하게 울려 퍼지는
까치 소리
뻐꾸기 소리
쌀쌀한 추위와
가끔 들리는 차 소리
몇 개씩 켜진 가로등
나는 그것을 보며
작디작은 바다의 플랑크톤처럼 작은
고독에 빠졌다
모든 것이 아름답다
무엇보다도 아름다운 건
연한 하늘에 떠 있는
연한 그믐달이다.

–2004년 7월 11세 때

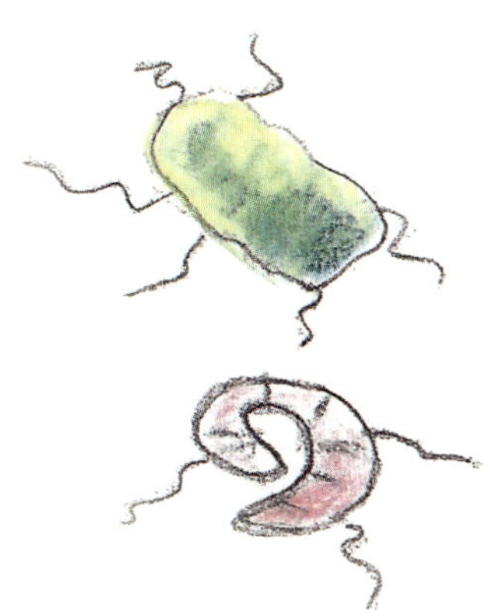

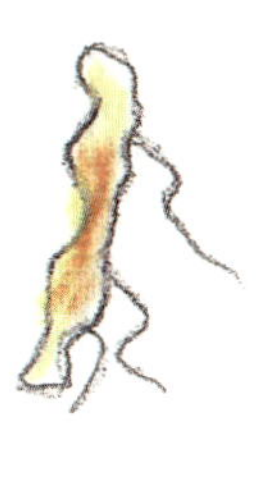

고요

새벽이 오면
상쾌한 공기
세상에서 가장 맑은 듯한
그리고
하늘을 나는 까치 한 마리
하늘을 자유롭게 나는

깊은 밤이 오면
차가운 밤공기
세상에서 가장 차가운 듯한
그리고
가만히 어둠을 밝히는 밝은 보름달
세상에서 가장 밝은 듯한

새벽과 깊은 밤의 고요
이것은 무엇일까……

–2004년 11월 11세 때

꿈이 가는 곳

당신이 마법을 걸었지
그러니까 이상한 일이 일어나지
사람으로 가득 찬 거리는
시간이 멈추어 아무도 움직이지 않아
밤 열차 지나가는 별밤에

기적을 울리며
어디에 가는지 당신도 몰라
신비한 여행이 끝나지 않았으면……

-2002년 1월 9세 때

일요일

너무나 번잡한 일요일
많은 사람들이 활동하는,
너무나 번잡한 일요일.
해수욕장에 수도 없이 찍힌 모래사장의 발자국.
쉴 새 없이 파도를 일으키는 요트, 사람들.
마라분타*보다 많은 듯한 사람들.
백화점의 쉴 새 없이 지껄이는 사람들.
바다의 파도처럼 끊임없이 물결치는 발들.
엄청난 속도로 달리는 차를 타고 달리는
꿋꿋한 부동자세의 사람들.
얼마나 번잡한 일요일이길래……

–2004년 11세 때

* 아프리카의 개미 떼들.

달밤 1

달밤의 소원은 이루어
질 수도 있다.
소원을 비는 사람의
눈동자에
달이
실물보다
훨씬 빛날 수도
있으니까.
그 사람의 눈동자엔 환한 달이
그 사람의
눈동자를
밝게 비추네.

–2003년 5월 10살 때

바람

어디든지 갈 수 있는 당신.
자유로운 당신.
저는 항상 당신을 바라보고 있습니다.
꿈속에서도
생각 속에서도
저는 자유로운 당신을 항상 바라보고 있습니다.

정말로 자유로운 당신을
저는 항상 바라보고 있습니다.

-2004년 11월 11세 때

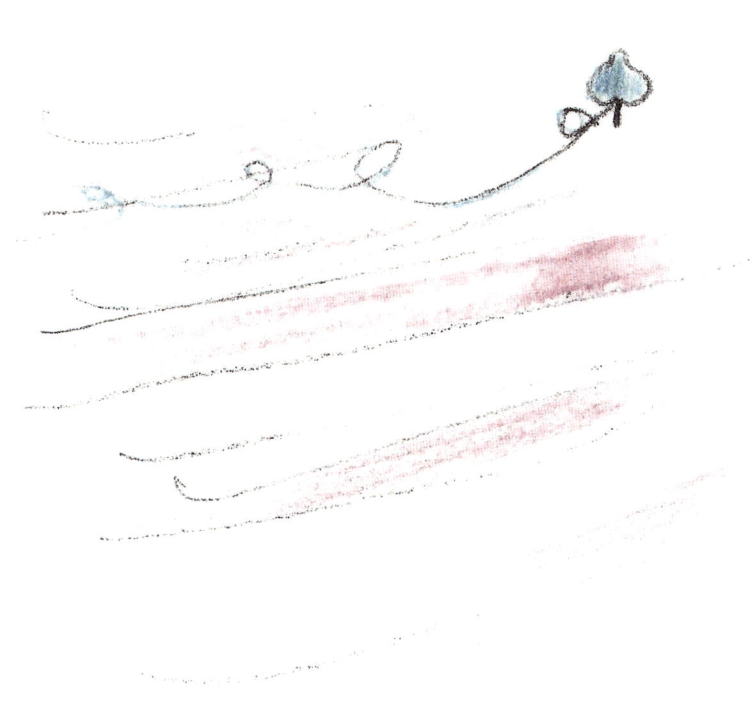

시간 1

아무리 해도 돌이킬 수 없는 것은 시간.
한번 지나간 것은 절대로 돌이킬 수 없습니다.
사람의 삶은 그리 길지 않습니다.

그 짧은 삶에도 불구하고 열심히 하는 자가
있다면 그 사람은 축복받은 사람입니다.

자신의 삶은 그리 길지 않습니다.
그 시간 동안 열심히 해야 합니다.

만약 시간을 돌이킬 수 있다면 예전에
죽은 사람도 한 바퀴 돌면 자신의 옆에 있겠죠.

다시 한 번 돌이킬 수 없습니다…… 그 짧은 삶 동안
열심히 해야 합니다.

-2003년 4월 10세 때

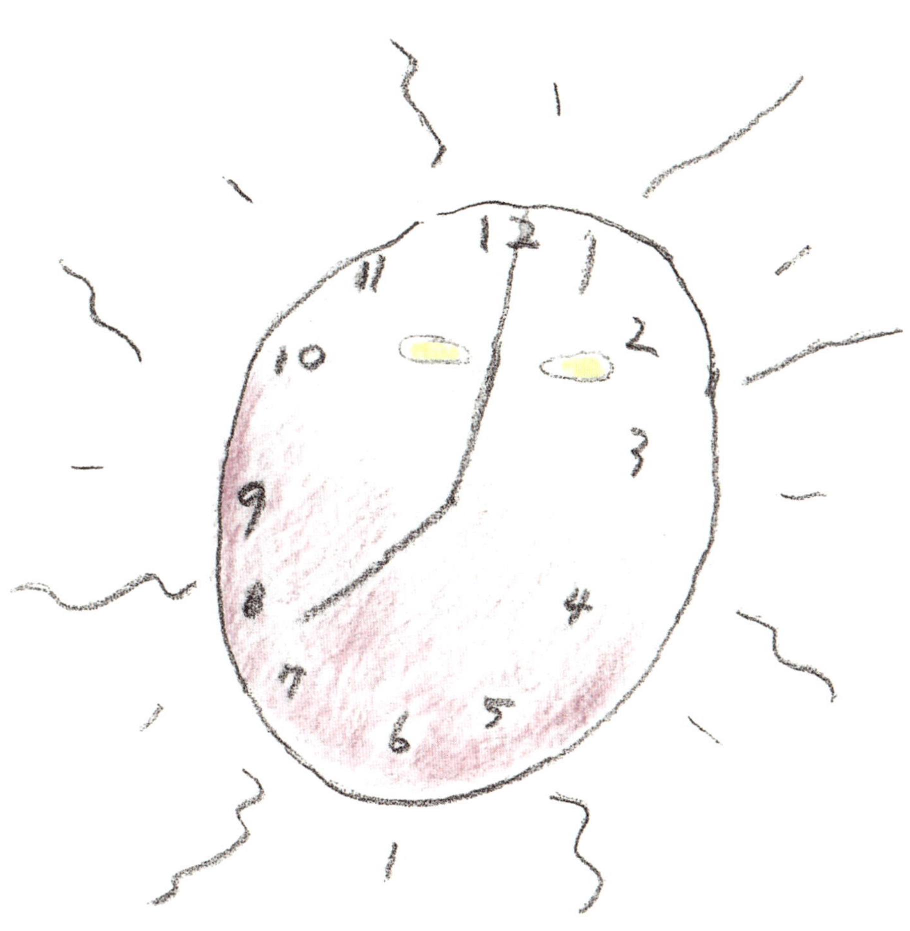

시간 2

계속 간다.
끝없이 간다.
이 세상의 모든 것들이
사라져도
시간은 계속 간다.

남은 '삶' 소중히 살아보자.
아끼지도 못하니
소중히 맘껏 살자.
내가 이 시를 쓰는 동안에도
시간은 계속 간다.

–2003년 4월 10세 때

시간 3

시곗바늘 되돌려도
다시 찾을 수 없는 시간

한번 지나가면 찾을 수 없는 시간

돈을 줘도 사지 못하는 시간

그런 시간은 1초도
찾을 수 없는 것

흘러가면 그만이다.

-2003년 4월 10세 때

자연 1

자연은
저 푸른 하늘 위에
해님이 있고
구름이 있고
활기차게 날아다니는 새도 있고
우리들 마음이 있고.

자연은
드넓은 대지 위에
푸른 숲이 있고
바위가 있고
동물들이 있고
우리들 마음이 있고.

아름다운 자연은
우리들 마음속에 있고.

-2005년 5월 12세 때

자연 2

푸른 상록수, 푸른 하늘
둥둥 떠가는 구름
상쾌한 공기
따스한 햇볕

숲의 새,
숲의 동물들
나는 그곳에서
잠들고 싶네.

-2003년 6월 10세 때

음식

메밀국수 후루룩
라면 후루룩
만두 짭짭
불고기 쩝쩝

맛있니?
너무 배불러서
말 못 하고
내가 한 말 한마디는
끄윽~
이다.

-2004년 11세 때

꽃 한 송이

꽃 한 송이여
외로이 있는 꽃 한 송이여
땅에 붙들려서 뭘 하는가?
바람과 함께 몸부림 쳐봤자
벗어날 수 있다고 생각하나?

꽃 한 송이여
땅에 붙잡혀 있는 꽃 한 송이여
땅에 박혀서 뭘 하는가?
아무 희망 없이 살아가는 것이
가치 있는 삶이라고 생각하나?

꽃 한 송이여
그대는 외로운 꽃 한 송이.

-2004년 11월 11세 때

비

비가 온다
쉴 새 없이 내린다
나는 잠시 상점가의 차양 밑에서
비를 피했다
비는 자꾸만 내렸다
차양의 끝 부분에서 흘러내리는 비
그 빗방울들은 모여 모여 한 줄기 물이 되어
하천 구멍으로 들어간다
비가 그쳤다
하지만 실제로는 그치지 않았다
차양에서 아직 흘러내리는 물방울
그리고 하천을 흘러가고 있는 비
마음을 아프게 하는 것 같다.
……
왜일까?

-2004년 7월 11세 때

범어사

6시
고요한 절간에
종소리와 동시에
북소리가 울려 퍼진다.

산새가 짹짹거리며 하늘을 난다.
북소리가 다 울려 퍼진 뒤
다시 종소리가 땅거미를 맞이한다.

-2004년 6월 11세 때

날씨

날씨는 참으로 변덕스럽네.
맑음과 비, 흐림과 눈이
변덕스럽게 내리네.
맑음은 따끈따끈
비는 앗! 차가워
흐림은 시원,
눈은 에취! 감기!

변덕쟁이 날씨는 이어지네.

-2003년 7월 10세 때

번개

하늘에서 땅으로 치는 번개
마치 악마의 심판을 내리듯

큰 소리 내며 내리치네

그게 아니라면
악마의
장난일지도

아니면
세상의
종말일지도

-2003년 3월 10세 때

태풍

태풍은
모든 것을
날려버린다.
지나간 다음은
아무것도 없는,
아니,
고요하게 흔들리는
작은 풀잎뿐이다.

-2004년 7월 10세 때

이 세상 끝까지

천공을 가르며 구름을 뚫고
나는 이 세상 끝까지 간다……

나는 이곳저곳의 별들에게 묻는다.
이봐!? 별아! 세상의 끝이 어디니?
나는 간다…… 세상의 끝으로……

-2003년 10세 때

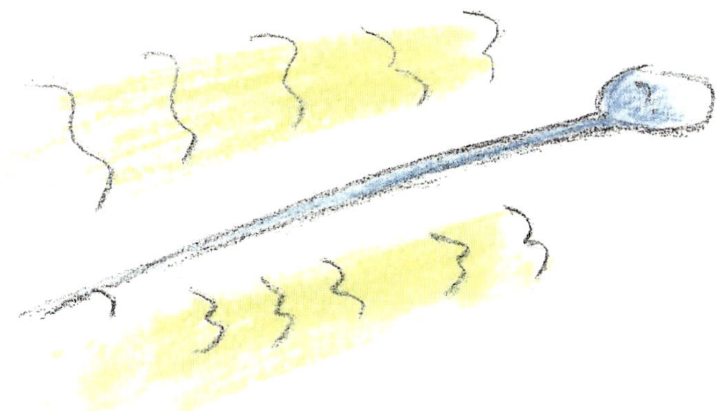

똥

아, 구슬픈 운명이여
지독한 둥근 구멍에서 나와
물속으로 사라진다.

-2006년 5월 13세 때

생명

생명, 그것은
살아가라고 생긴 것
생명, 그것은 약육강식의 세계
끝없는 먹이사슬에 사로잡혀 있다.

모기, 사람 피를 먹는다.
어쩌랴, 살아가야 하니까
사람, 동물과 식물을 죽이고 먹고 산다.
어쩌랴, 살아가야 하니까.

어떻게 보면
생명 하나하나는
우주의 먼지 한 톨도 안 된다.
그 드넓은, 들판보다도 더 드넓은
우주에서는

어쩌랴, 살아가기 위해서는
어쩔 수 없다.

-2004년 11세 때

모기

모기를 잡았다.
방황하는 모기를 잡았다.
하나의 생명을 죽였다.

사람에게 해로운 모기를
잡았다.
하지만
모기도 살려고 태어난 것이지만
모기가 피를 빠는 것은
다 자연의 이치이고 본능인 것을!

-2004년 7월 11세 때

거북이

거북이는
꾸준하게 사는 생물
가는 길은
느려도
끝까지 간다.

거북이는
끈기 있는 생물
힘들어도 배고파도
참는다.

나도 그렇게
꾸준하게, 끈기 있게
생활해야지.

—2004년 11월 11세 때

바다에서의 외로움

바다에 갔다.
사람이 많았었지만
나는 외로웠다.

말동무가 없었던 바다
내가 서 있는 곳에는
작은 파도만
찰싹찰싹
치고 있었다.

-2004년 8월 11세 때

꿈의 바다

꿈의 바다로
풍덩 들어가
꿈의 바다에서
수영을 하자.

꿈의 세계로
가자!
행복이 자신을 보며
오라고 손짓하고 있을 것이다.

-2004년 7월 11세 때

감나무

감나무에 열린 감.
땡감일 때는 홍시가 되는 희망을 갖고
홍시일 때는 달콤한 과육을 갖고
씨일 때는 새로운 생명의 희망을 갖고.

땡감 시절이 좋았네
홍시 시절이 행복했네
씨일 때가 그립네.

-2004년 12월 11세 때

가을 단풍

단풍이 떨어졌다.
떨어질 때 단풍과 작별하는
단풍나무
앙상한 가지만 남으면
단풍나무도 고독이 생길까?
고독을 씹으며, 기다릴까?

마지막 단풍잎이 떨어졌다.
단풍나무가
찬바람에 떨며
앙상한 가지로 잎에게 인사한다.

–2004년 9월 11세 때

농가

농가는
때론
고요하고
때론 시끄럽다.

조용한 모내기
시끄러운 마을 잔치

고요하게 타작하는
농부들의 모습

조용히 밭을 지키고 있는
허수아비를
참새들이 지켜본다.

–2004년 11세 때

달

달이 원형 구름에 갇혀 있네.
구름이 달을 꺼내주려고 바람에게
부탁해 구름이 바람에 날려
달을 풀어주네.

마치 어떤 오해로
착한 사람이 감옥에 갇혀
오해가 풀려 감옥에서 풀려나듯
바람이 거세게 불었으면……

–2003년 10세 때

달밤 2

달밤
달밤의 밝은 달님이여
저의 소원을 들어줄 수 있나이까?
보름달님이여
저의 소원을 들어줄 수 있나이까?
저의 소원은 세상 사람들이
행복하게 살 수 있는 것입니다.
제 소원을 정녕 들어줄 수 있나이까?

-2003년 10월 10세 때

겨울밤

춥고
눈과 바람이
거세게
부는 날에
나는
포근하고
따뜻한
담요 속에서
호빵을 먹으며
곤히 잠든다.

-2003년 12월 10세 때

한밤의 시골길

시골길을 걷는다.
한밤의 시골길을 걷는다.
천천히 천천히 조금만 더 천천히
천천히 살고 싶어요…… 조금만 느리게……

그렇게 한밤의 시골길을 걷는다.
저 멀리
아담한 초가집에
불이 켜져 있네
뭘 할까?
천천히 천천히
그 집으로 한 걸음 한 걸음
천천히 천천히
느리게 느리게
별이 간다.

–2004년 12월 11세 때

봄이 오면

봄이 오면
추위가 가고
따뜻한 햇살이
우리를 맞이하고
푸른 새싹이 돋아나네.

봄이 오면
나무들이
푸르고 멋진 옷을 입고
벌레들과 같이 노네.

봄이 오면
꽃들이
예쁜 모자를 쓰고
봄바람과 춤을 추네.

봄이 오면
여름이 오고,
가을이 가고
겨울이 가고

다시 봄이 오겠지.

-2005년 12세 때

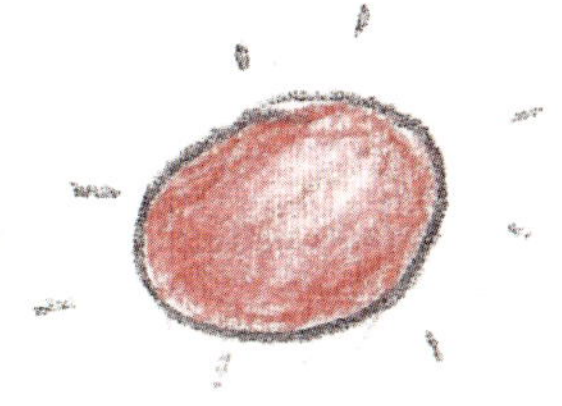

3월은

3월은
씨를 뿌리세.
아낙네들 농부들 다 모여서
품앗이하세.
남녀노소 가리지 않고
마을 축제 하세.
온 마을이 떠들썩

참새가 나무 위에서 부러운 듯 쳐다보네.
밤 되면 개울가 개구리가 조금 운다.
아이들은 여름은 아니지만
엄마 무덤 떠내려갔니?
라고 하며 논다.

−2003년 10세 때

mar

산골

산에서
고구마 한 뿌리
아, 고소하다.
산에서
칡 조금
으윽 써.
산에서
무화과 하나
와, 달다.
산은 몇 가지 맛일까?

산에서
봄에 푸른 잎을 봤다.
가을에 빨간 잎을 봤다.
겨울에 앙상한 가지를 봤다.
산은
몇 가지 색일까?

–2003년 10세 때

날고 싶을 때

날고 싶을 때
인간은
날지 못한다.
비행기?
직접 날지 않는다.
글라이더?
도구다.
맨손?
날 수 없다.
스스로는 날 수 없는 것이
인간이다.
하지만 인간들은
인간만이 할 수 있는
'상상의 날개'가 있다.
그것만 있으면
인간은
언제든지 날 수 있다.
상상의 세계를 향해!

–2004년 7월 11세 때

마음속의 학용품

누구나 마음속에는
마음의 학용품이 있다.

나쁜 마음을 지우는
마음속의 지우개

상상을 그리는
마음속의 연필

마음의 모서리를 없애는
마음속의 컴퍼스

마음이 비뚤어지지 않도록 곧은 선을 만드는
마음속의 자

많은 마음이 있는
마음속의 모양 자
마음속에는 정말 많은
'나만의 학용품'이 있다.

-2005년 8월 12세 때

겨울비

추운 겨울
모든 것이 차가울 때
모든 것이 얼었을 때
내 마음에 쌓인 눈을 녹여주는
잠시의 겨울비

걸어가다가
걸어가다가

하늘에서 떨어지는
겨울 빗방울들
마음에 쌓인 눈을 한 톨씩 한 톨씩
녹여가는
겨울비

-2012년 1월 19세 때

주전자

밖에 사는 사람들에게
따뜻한 마음 같은 물 한 잔을 따라주고

혼란스러운 사람들에게
차분한 충고 같은 녹차 한 잔을 따라주고

집안의 어르신들께
따뜻한 배려 같은 인삼차 한 잔을,

나의 친구에게
시원한 우정 같은 음료 한 잔을,

그리고 내가 사랑하는 사람에게
뜨거운 사랑 같은 커피 한 잔을 줄 수 있는

주전자.
그것은 주전자다.

-2008년 3월 15세 때

창

창에
무엇이 보이나요?
눈을 감고
창을 그리고
뭐가 보이는지 바라보세요
새가 보이나요
나무가 보이나요
그리운 사람이
손짓하며 미소를 띄우나요?
당신도 되받아주세요
기분이 좋아질 거예요

–2005년 8월 12세 때

가면

네 가면 뒤의 세상
어떤 모습일까
너의 밝은 마음
가면 같은 존재 때문에 갇혀 있을 수도
빛 받지 못한 곳에 있지만
너의 착한 마음
빛은 못 받지만,
스스로 빛나는 존재가 될 거야.

-2006년 4월 13세 때

거울

거울은
내가 볼 수 없는 것들을 보여준다.
내 뒤의 것들.
그리고 나의 눈동자.

누가 또 다른 자신을 보고 있을까.
누가 자신이 사랑하는 사람과 함께 거울을 볼까.
얼마나 많은 것들을 이 거울이 만들어냈을까.
작은 공간 속, 무한한 세상
거울.

-2006년 11월 13세 때

근원

모든 것의 근원은
어디일까
우주?
우주의 근원은 무엇일까
무의 세계?
그것 또한 어떻게 만들어졌을까.

사랑의 근원.
생각의 근원.
시간의 근원.

근원.
그것은 아무도 알 수 없다.
우리가 생각하기 나름일 뿐이다.

–2005년 10월 12세 때

이름 모를 계절

내 생각 속 계절.
내 생각 속 다섯 가지 계절.
내 태양 속에는 눈이 있고
내 마른 낙엽에는 빗방울이 머금어 있다.
생각과 현실이 하나가 되는 계절.
세상을 보랏빛으로 덮고
생각을 하얗게 칠하고

잠이 덜 깬 세상에
내가 간다.

일 년 열세 달 삼백육십육 일
단 하루의
슬픔 따위는 없는 계절.

지금 이 순간.

–2006년 13세 때

유리창

유리창에는
많은 것이 담겨진다.
유리창이 되기 전,
그 모래알들과
유리로 정제되는 순간과
함께 실려 오는 다른 유리창들.
그리고 빛에 비친 나의 모습,
유리창 너머 너의 모습.

유리창이 깨졌다.
모래알, 기계의 움직임, 너의 모습
더 맑고, 진실된 나의 눈으로 볼 수 있다.

하지만,
무언가 허전하다.
찾아볼 수 없는
나의 모습.

깨진 유리창
그리고 세상

–2008년 10월 15세 때

하늘, 땅

하늘은 내가 비상할 수 있는 꿈을 준다.
땅은 지금의 나를 설 수 있게 만들어준다.

매일 아침,
미래를 향한 광활한 꿈이 하늘에 펼쳐지고
밝은 해가 땅을 비출 때
맑은 하늘을 보면
나를 마냥 행복하게 하는
저 하늘

매일 저녁,
땅거미가 드리울 때
바쁜 하루에 지친 나를
고요에 헤엄치게 해주고
밤하늘에 별이 깔릴 때
별 같은 미래를 향해
걷고, 설 수 있게 해주는
이 땅

하늘은 높다.

꿈을 향해 가게 해준다.
땅은 낮다.
그러나 지금의 나를 설 수 있게 해준다.

-2007년 3월 14세 때

그림자

나는 그의 그림자다.
언제나 그를 따라다녀야 한다
왜 그래야 하는가
나는 나의 길을 걸을 수 없다
왜인가
도대체 왜

난 그의 머리 위에 있고 싶지만
난 항상 그의 등 아래에 있다
그렇다. 나는 그림자다.
하지만 나는 그 누구에게도 짓밟히지 않는다
나는 어둠을 기다린다
그것은 곧 나이자 나의 세상이다

–2011년 3월 18세 때

Shadow

I'm his shadow
I always follow him
Why I have to do that
I can't walk my road
Why
Why in the world

I want to do on top of his head
But, I'm always below his back
Yes, I'm a shadow
But, I never get stepped on
I'm waiting for dark
It is I and my world

–2011년 3월 18세 때

끝

끝은 어딜까?
아직도 가고 있는데……
여기는 어딜까?
끝이 어딘지를 모르고
끝을 찾아가고 있다.
어딘지도 모르는 끝을 향해
계속, 숨이 다할 때까지.

난 깨달았다.
끝은 숨이 멈추는 게 아니라
없다는 것을……
너무 늦게 깨달았나 보다.
어딘지도 모르는 끝을 향해
너무 멀리 왔기 때문이다.

-2006년 13세 때

Need your help

하나,
둘,
셋,
넷,
셀 수 없이 많은 꽃잎들이 쌓여갑니다.
다섯,
여섯,
셀 수 없이 많은 눈물들이 떨어져 갑니다.
일곱,
여덟,
셀 수 없이 많은 눈물들이 쌓여갑니다.
아홉,
열,
셀 수 없이 많은 사랑들이 쌓여갑니다.
하나,
둘,

그곳에는 당신이 서 있습니다.

-2012년 3월 19세 때

꿈 앞에서 들려오는 소리

무언가가 내게 외친다.

왜 꿈을 바라보고만 있냐고.
왜 꿈을 향해 가지 않느냐고.
네 꿈을 향해 달려가라고
네 꿈을 열러 가라고

꿈이 내게 외친다.

난 언제나 열려 있다고.
난 언제나 네가 볼 수 있다고.
단지 네가 내게 오지 않을 뿐이라고.
단지 네가 나를 보기만 할 뿐이라고.

내가 나에게 외쳐본다.
이제 한 걸음을 내딛어보겠다고
이제 꿈을 향해 달리겠다고

눈

그대 눈을 바라보는 동안
쌓여간 흰 눈들이, 내려온 흰 눈들이
이제는 그쳐가네요.
예전엔 옅은 빛을 우리에게 비추던 겨울 해가
지금은 왜 이리도 뜨겁게 느껴질까요
그대 눈을 바라보며 쌓여왔던 흰 눈들이
녹지 않길 바라는 헛된 희망에서 나온 느낌일까요.
이미 눈들은 녹아가고 있는 걸 알고 있기에
내 눈에선 흰 눈이 녹은 듯한 투명한 물이 고여가네요
이 물이 언제 내 볼을 타고 흐를까요.

-2009년 10월 16세 때

흐른다,

흐른다, 물
돌고 도는 물에 내 마음도 함께
흐른다, 시간
시간의 끝에 나의 끝도 함께
흐른다, 생각
생각의 흐름에 나 자신을 함께

흐른다,
어지러운 세상 속에서
흐른다, 작은 세상 속에서
흐른다,
알 수밖에 없는 나 자신의 모습

흐른다.
끝없는 강의 끝으로.
다시 흐른다,
내 마음,
시간,
나 자신

–2007년 8월 14세 때

어딘가 저편

내가 지금 시를 쓰고 있다면
어딘가 저편에서도 나 같은 사람이 시를 쓰고 있을 수도 있겠지.
내가 지금 꿈을 꾼다면
어딘가 저편에서도 나 같은 사람이 꿈을 꾸고, 만날 수도 있겠지.
내가 지금 사랑을 한다면
어딘가 저편에서도 나 같은 사람이 사랑을 할 수도 있겠지.

어딘가 저편에서
나를 생각하고
나도 너를 생각할 수도 있겠지.
어딘가 저편에서
나를 보고 있을 수도.

-2005년 1월 12세 때

너머에

저기 아름다운 강산 너머에
누가 슬퍼하고 있을까.
바람아.
저 강산 너머에 있는
갈색 눈동자에 맺힌, 갈색의 눈물을
투명하고 맑게 만들어줘.

저기 수평선 너머에
또 다른 대륙.
누가 웃고 있을까.
태양아.
저 수평선 너머, 다른 대륙에 있는
저 맑은 눈물 가진 소년에게.
밝은 빛을 줘.

저기 건물 뒤
하천 너머 강 너머
평범하게 사는 아이에게
특별한 삶을 줘.
나의 인생이라는 시간아.

저기 저 너머에
넘고 넘어,
모든 걸 뛰어넘을 사람.
더 이상 넘을 게 없다면,
저 뒤편, 넘어오지 못한 그들에게
네 손을 건네줘.

저 너머에
너머에

차가운 달

벌레 드문 풀숲 위에
언 듯한 달 하나가 떠 있습니다.
보는 이의 가슴마저 시리게 하는,
차가운 달이 떠 있습니다.
이 겨울날
한 줄기 달빛에 얼어버린 귀뚜라미를 어찌할까요.

별이 드문 하늘 아래
저 하늘의 별처럼 드문드문 꽃이 핀 은목수 한 그루가 있습니다.
차가운 달빛에 퍼지는 은목수 향기에,
그만 가슴마저 시들고 맙니다.
이 쓸쓸한 날
한 그루 향기에 시들어버린 사랑을 어찌할까요.

-2012년 1월 19세 때

흐름의 연緣

흘러간다
시간의 흐름이 우릴 한 흐름에 태우고
우린 연약한 한 줄기 흐름에 모든 걸 맡기고
흘러간다
우린 한 줄기 흐름 속에 함께 있고
흘러간다
우린 끝이 보이는 한 줄기 흐름 속에 함께 있고
흘러간다
내 영혼을 타는 감정의 흐름 역시
흘러간다
우리가 함께 있음이 행복한 흐름
다만 그 끝이 보이기에 슬픈 흐름

흐름이
흘러간다.

-2011년 11월 18세 때

| 독자의 란 |

당신이 태어난 해의 띠의 동물을 그려보세요. 그리고 소원을 바라며 행운의 목걸이를 걸어주세요. 당신에게 행운이 올 것입니다.

당신이 걸은 길 중에 가장 기억에 남는 길을 그려보세요.

당신의 나무 한 그루를 그려보세요. 행운을 빕니다.